El tiempo

VIENTO

Lauren Taylor

QEB Publishing

Copyright © QEB Publishing 2012

Publicado en los Estados Unidos
en 2012 por
QEB Publishing, Inc.
3 Wrigley, Suite A
Irvine, CA 92618

www.qed-publishing.co.uk

Información disponible sobre el
registro CIP de la Biblioteca del
Congreso.

ISBN 978 1 60992 576 5

Impreso en China

Consultoras Jillian Harker y
Heather Adamson
Editora Alexandra Koken
Diseñadora Melissa Alaverdy

Créditos de las fotografías
(a=arriba, d=debajo, i=izquierda,
d=derecha, c=centro, p=portada)
Dreamstime: 4 Bvl22, 8-9
Studio1onem 14-15 Serrnovik, 15
Weir2010, 20-21 Anpet2000, 22
cherrymerry
Shutterstock: 1 Silver-John, 2 Andrew
KotuanoV, 4-5d aggressor, 4-5a
Florida Stock, 6 Netfalls-Remy
Musser, 7 WDG Photo, 10 J Drake,
11 dewereahons, 12 Brian Nolan, 13
Daniel Loretto, 16 Eric Gevart, 16-17
Pfshots, 18 Alucard2100, 19 teekaygee,
23 Galushko Sergey, 24 ueuaphoto

Las palabras en **negrita**
se encuentran en el
Glosario de la
página 24.

Contenido

¿Qué es el viento?

El viento es el aire que se mueve.

El viento no se puede ver.

Puedes sentir el viento en la piel. Puedes oír cómo mueve las hojas de los árboles.

¿Cómo usamos el viento?

El viento ayuda a los veleros a moverse. El viento hincha las **velas**. Eso empuja al velero.

También usamos el viento para crear **energía** para las casas.

Siente la brisa

El viento suave se llama **brisa**. La brisa te refresca cuando hace calor.

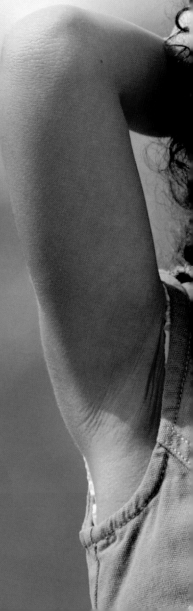

Vendaval

Un viento muy fuerte
se llama **vendaval.**

Un vendaval puede romper las ramas. También puede derribar árboles.

Huracanes y tornados

Al viento más fuerte se le llama **huracán** o **tornado**. Un huracán es tan fuerte que puede derribar una casa.

Un tornado es un remolino de viento que se forma en una nube de tormenta.

El viento y las plantas

Algunas plantas usan el viento para esparcir las **semillas**.

El viento sopla la planta y se lleva las semillas. Las semillas caen en la **tierra** donde pueden crecer.

El viento y las plantas

Algunas plantas usan el viento para esparcir sus **semillas**.

El viento sopla la planta. Lleva las semillas. Las semillas caen en la **tierra** donde germinan.

Volar al viento

Los animales también usan el viento. El viento ayuda a los pájaros a volar.

Algunos pájaros **planean** con el viento. Vuelan sin mover las alas durante un buen rato.

Cómo vestirse

El viento fuerte

te puede despeinar.

Usa un gorro

para evitarlo.

En invierno, el viento puede ser muy frío. Abrígate cuando salgas a la calle.

Diviértete con el viento

Puedes subir a una colina y volar una cometa con el viento.

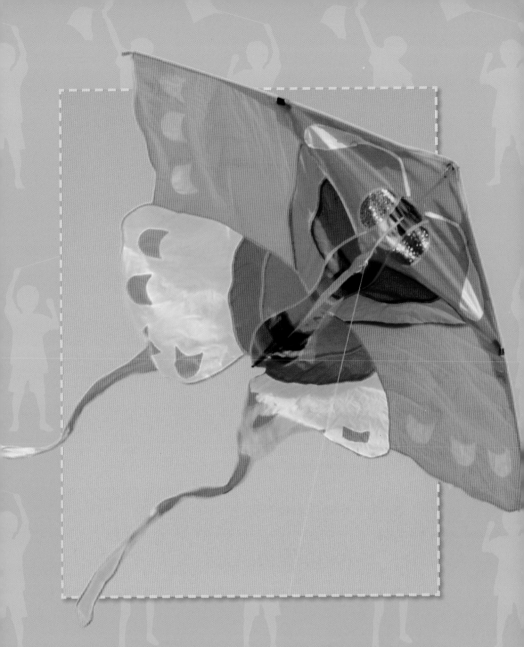

El viento es más fuerte en la parte de arriba. Esto te ayuda a volar tu cometa.

Glosario

brisa   viento suave

energía   electricidad u otra fuente de fuerza

huracán   tormenta violenta con lluvia y vientos fuertes

planear   volar sin mover las alas

semilla   parte de una planta con flores de la que puede crecer una nueva planta

tierra   capa exterior del suelo donde crecen las plantas

tornado   tormenta violenta de viento que forma un remolino oscuro que sale de una nube

vela   trozo grande de tela que mueve un velero al llenarse de viento

vendaval   viento muy fuerte